Claus Rech

Die Herrschaft Kronenburg und ihre Erträge um 1780

Quellen

zur Eifeler Geschichte

Reihe A, Band 4

Claus Rech

Die Herrschaft Kronenburg und ihre Erträge um 1780

Edition einer Aufstellung der sternberg-manderscheidischen

Verwaltung

Impressum

Bibliografische Information der Deutschen Nationalbibliothek:
Die Deutsche Nationalbibliothek verzeichnet diese Publikation
in der Deutschen Nationalbibliografie; detaillierte bibliografische
Daten sind im Internet über http://dnb.dnb.de abrufbar.

© 2016 Claus Rech
Cover: Ralf Wolf, Jülich (www.autorenservice.de)
Herstellung und Verlag:
BoD – Books on Demand, Norderstedt

ISBN: 978-3-7412-8087-0

Inhalt

Einleitung 7

Das Kronenburger Ertragsverzeichnis von 1781 8
    Gräfin Augusta von Sternberg-Manderscheid 8
    Die Herrschaft Kronenburg 9
    Der Inhalt der Kronenburger Aufstellung 11
    Die Einnahmen 12
    Die Ausgaben 13
    Die „Erläuterung" der Ertragsdaten 14
    Der Gesamtertrag 15
    Die Ertragsliste von 1773 16

Quellenüberlieferung und Editionsgrundsätze 17

Quellentexte 19
    Edition des Kronenburger Ertragsverzeichnisses 19
    Edition des „Status Generalis" 27
    Edition der Kronenburger Ertragsliste von 1773 28
    Edition der Umrechnungsliste für Münzen und Maße 30

Glossar 32
Anmerkungen 38

Nachweise 41
    Quellen 41

Literatur 41
Abbildungen 42

Anhang 43
Die sternberg-manderscheidischen Ertragsaufstellungen von 1781 im Überblick . 43

Einleitung

Das malerisch gelegene Kronenburg ist mit seiner alten Burgruine heute ein gern besuchtes Touristenziel. Der gut erhaltene Ortskern, der sich oberhalb der Kyll rund um den Burgbering gruppiert, lässt noch erahnen, wie die Menschen in früheren Zeiten lebten. Einst war der Burgort Mittelpunkt der Herrschaft Kronenburg, die sich bis zum Jahr 1794 im Besitz des Hauses Sternberg-Manderscheid befand. Die Bevölkerung des Kronenburger Landes arbeitete damals vor allem in der Land- und Forstwirtschaft sowie in der Eisenindustrie, die in der Zentraleifel eine lange Tradition hatte. Die Einwohner mussten einen großen Teil ihrer Erzeugnisse allerdings regelmäßig an die Inhaber der Herrschaft abliefern; daher profitierte auch das Grafenhaus von der Entwicklung der lokalen Wirtschaftszweige.

Diese Verhältnisse spiegeln sich in dem Ertragsverzeichnis wider, das 1781 auf Anordnung der damals regierenden Gräfin Augusta für das Kronenburger Land erstellt wurde. Die dort aufgelisteten gräflichen Einnahmen bestanden aus jährlichen Naturalabgaben und Geldzahlungen der Untertanen, Erlösen aus Holzverkäufen sowie Zahlungen der lokalen Eisenhütte. Umgekehrt sind auch die Kosten für die Verwaltung der Güter und das gräfliche Personal erfasst worden. Das Ziel des Kronenburger „Status" von 1781 war es, verlässliche Daten zu sammeln, um die zukünftige Wirtschaftsführung im Kronenburger Land besser planen zu können. Die Ertragsübersicht hat sich bis heute erhalten und bietet interessante Einblicke in die Art und Weise, wie der Adel früher seine Güter bewirtschaftete. Zugleich lässt sie erkennen, welche Rahmenbedingungen die Lebensverhältnisse der Untertanen in einem kleinen Territorium während des 18. Jahrhunderts bestimmten.

Auch in anderen sternberg-manderscheidischen Territorien ließ Gräfin Augusta solche Aufstellungen anfertigen. Sie dienten der Zentralverwaltung in Blankenheim dazu, sich ein umfassendes Bild der ökonomischen Lage der einzelnen Besitzungen zu machen. Die gesammelten Daten der einzelnen Herrschaften flossen am Ende in eine Gesamtübersicht ein, die als „Status generalis" überliefert ist (1).

Die vorliegende Darstellung präsentiert die Kronenburger Aufstellung von 1781 erstmals in einer Edition. Vorab erläutern die folgenden Kapitel den weiteren Hintergrund, vor dem die Abfassung der Ertragsverzeichnisse stattfand. Sie beinhalten eine Auswertung des Kronenburger Verzeichnisses. Dabei soll vor allem der Frage nachgegangen werden, wie sich die Kronenburger Einkünfte des

Grafenhauses zusammensetzten und welchen Stellenwert die Reinerträge aus der Herrschaft im Verhältnis zu den Gesamteinkünften des Hauses Sternberg-Manderscheid in der Eifel hatten.

Daran anschließend wird nach der Präsentation der edierten Kronenburger Liste zum Vergleich auch die Blankenheimer Gesamtaufstellung vorgestellt. Darauf folgt die Wiedergabe einer früheren Kronenburger Übersicht aus dem Jahre 1773 sowie einer Umrechnungsliste mit den zeitgenössischen Münzsorten und Maßen in den sternberg-manderscheidischen Gebieten. Nach der Edition der Quellen erläutert ein Glossar die heute nicht mehr oder nur schwer verständlichen Begriffe (2).

Das Kronenburger Ertragsverzeichnis von 1781

Gräfin Augusta von Sternberg-Manderscheid

Die Kronenburger Ertragsübersicht von 1781 entstand ein Jahr nach dem Regierungsantritt der Gräfin Augusta von Sternberg-Manderscheid. Augusta war die letzte regierende Gräfin aus dem Hause Manderscheid. Als Tochter des bereits 1772 verstorbenen Grafen Johann Wilhelm von Manderscheid-Blankenheim hatte sie die Regierungsgeschäfte von dessen Bruder bzw. ihrem Onkel, dem Grafen Franz Joseph von Manderscheid-Blankenheim, übernommen. Dieser war im Dezember 1780 kinderlos verstorben (3).

Gräfin Augusta war mit dem Grafen Christian von Sternberg verheiratet, der aus einem alten böhmischen Adelsgeschlecht stammte. Nach der Erbfolge in den manderscheidischen Territorien nannte sich Augustas Familie „von Sternberg-Manderscheid". Graf Christian von Sternberg erscheint als Mitunterzeichner und Mitsiegler auf zahlreichen Dokumenten. Die gräfliche Familie regierte die manderscheidischen Besitzungen bis 1794, dem Jahr, als die französischen Truppen in die Gebiete links des Rheins einrückten und diese besetzten. Bedingt durch diese kriegerischen Ereignisse, floh die Familie auf die ererbten Besitzungen des Ehegatten in Böhmen (4).

Zu den Eifeler Gebieten der Gräfin gehörten reichsunmittelbare Territorien, in denen sie alleinige Landesherrin war, sowie landsässige bzw. mittelbare Gebiete, in denen sie die Lehensträgerin benachbarter Landesherren war. Die im Herzogtum Luxemburg gelegene Herrschaft Kronenburg war eines dieser „mittelbaren" Gebiete. Die Gräfin hatte die Regierung hier mit dem Besitzergreifungsakt über die Herrschaft und die anschließende Huldigung durch die Untertanen am 9. Dezember 1780 übernommen (5).

In ihrer Regierungszeit unternahm Gräfin Augusta zahlreiche Anstrengungen, um die Wirtschaft in ihren Herrschaftsgebieten zu fördern. Naturgemäß fiel ihr dies in den reichsunmittelbaren Gebieten der Grafschaft Blankenheim leichter, da sie dort die alleinige Herrin war. Die kleine Blankenheimer Verwaltung war in der Lage, die Umsetzung gräflicher Beschlüsse und Anordnungen in diesen Territorien zügig einzufordern. Doch auch in landsässigen Gebieten wie der Herrschaft Kronenburg zeigten sich die gräflichen Bestrebungen, die auf eine Hebung der wirtschaftlichen Verhältnisse zielten. Hier lag der Schwerpunkt allerdings stärker auf der Steigerung der Erträge, die aus der Nutzung der gräflichen Liegenschaften stammten. Bei dem gräflichen Adelseigentum in den Herrschaften handelte es sich meist um größere Immobilien, d.h. Burgen, die dazugehörigen Ländereien sowie um ausgedehnte Waldgebiete. Die Erträge dieser Besitzungen ließen sich steigern, wenn man Kosten senkte und eventuelle Misswirtschaft abstellte. Um die Nutzung des ererbten Besitzes besser organisieren zu können, galt es aber zunächst, sich einen Überblick über die bisherige Wirtschaftsführung zu verschaffen. Die Abfassung der Kronenburger Güteraufstellung des Jahres 1781 erfolgte zu diesem Zweck (6).

Die Herrschaft Kronenburg

Die Herrschaft Kronenburg gehörte zu den Besitzungen des Grafenhauses in der Zentraleifel und unterstand der luxemburgischen Landeshoheit. Die Herrschaft hatte sich bis zum Beginn des 17. Jahrhunderts im Besitz des Hauses Manderscheid-Schleiden befunden. 1613 fiel sie an den Gerolsteiner Zweig des Manderscheider Grafenhauses und gelangte über eine Schenkung 1693 an die Familie von Königsegg, die sie im Jahre 1719 wiederum an den Grafen Salentin Ernst von Manderscheid-Blankenheim verkaufte. Die Grafen von Manderscheid-Blankenheim blieben danach im Besitz der Herrschaft, bis sie schließlich als Erbterritorium an Gräfin Augusta von Sternberg-Manderscheid überging (7).

Die Bevölkerung des Kronenburger Landes lebte hauptsächlich von der Land- und Forstwirtschaft. In enger Verbindung mit der Landwirtschaft stand die Herstellung von Branntwein in Brennereibetrieben. Ein Nebengewerbe zur Waldwirtschaft war die Pottaschbrennerei. Mit dem Eisenwerk Hammerhütte lag außerdem ein bedeutender Gewerbestandort in der Herrschaft Kronenburg. Neben dem Hüttenpersonal bot das Werk den Köhlern, Eisengräbern und Fuhrleuten der

Umgebung Verdienstmöglichkeiten. Zu erwähnen ist auch die Weberei und das in Kronenburg und in den umliegenden Orten ansässige Tuchmachergewerbe (8).

Die Burgsiedlung Kronenburg war seit dem Mittelalter ein gefreiter Ort, d.h. sie war mit städtischen Privilegien ausgestattet worden. Auch die Bewohner der Siedlung Kronenburgerhütte genossen Privilegien, die allerdings auf dem Hüttenrecht basierten. In Kronenburgerhütte wurde seit langem ein Eisenwerk betrieben. In der zweiten Hälfte des 18. Jahrhunderts scheint sich der eisengewerbliche Schwerpunkt in der Herrschaft Kronenburg stärker zur Hammerhütte hin verschoben zu haben (9).

Im Jahre 1781 war Rentmeister Faymonville in Kronenburg für die lokale Verwaltung und die Einziehung der von den Untertanen zu entrichtenden Abgaben zuständig. Mitglieder seiner Familie betätigten sich maßgeblich im Kronenburger Eisengewerbe. Der Rentmeister ist der Verfasser der nachfolgend edierten Aufstellung. Er wurde mit dieser Aufgabe von seiner Herrin, Gräfin Augusta von Sternberg-Manderscheid, in einer Anweisung im April 1781 betraut (10).

In den letzten Jahrzehnten des Alten Reiches gliederte sich die Herrschaft Kronenburg in vier Gerichtsbezirke sowie die Unterherrschaften Schüller und Steffeln. Im Gericht Kronenburg lagen Kronenburg mit Kronenburgerhütte, Baasem mit Simmelerhof und Hammerhütte, Berk mit Frauenkron und Metzigeroden (Mutzigerath, Mützerode), Ober- und Unterdalmerscheid, Gieselbach, Schnorrenberg, Schopphof, Hallschlag, Scheid und drei Häuser des Dorfes Kerschenbach. Hier war der Grenzverlauf zwischen dem Hof Stadtkyll und den Kronenburger Gerichten Baasem und Ormont strittig.

Das Gericht Dahlem bestand allein aus dem Dorf Dahlem. Das Gericht Ormont (Herrschaft Neuenstein) umfasste Ormont und Schloss Neuenstein, und zum Gericht Udenbreth gehörten Udenbreth und Neuhof. Zur Herrschaft Schüller gehörten Schüller und ein Teil von Jünkerath. Die Herrschaft Steffeln bestand lediglich aus dem gleichnamigen Dorf (11).

Eine Besonderheit der Herrschaft Kronenburg war ihre Stellung als „freies Land" innerhalb des Herzogtums Luxemburg. Durch diesen Status genoss das Territorium bis ins 18. Jahrhundert hinein steuerliche Vergünstigungen. Ursprünglich war die Herrschaft komplett von der Zahlung der luxemburgischen Landessteuer ausgenommen (12).

Die nach dem Regierungsantritt der Gräfin Augusta von Sternberg-Manderscheid erstellte Übersicht über die Einkünfte in der Herrschaft Kronenburg ist, wie bereits erwähnt, eine lokale Bestandsaufnahme der gräflichen Vermögensverhältnisse. Die Abfassung der Kronenburger Liste erfolgte nach Vorgaben der Blankenheimer Zentrale, von wo aus die Arbeiten an den Tabellen für die einzelnen Herrschaften koordiniert wurden (13).

Der Inhalt der Kronenburger Aufstellung

Der vollständige Titel des Kronenburger Ertragsverzeichnisses lautet: „Status [der] Cameral- und Forestal-Erträgnißen[,] forth ein und anderer Ausgaben der Herrschafft Cronenburg, errichtet in Gefolg Gnädiges Rescripti vom 13ten April 1781." Mit den „Erträgnißen" sind sowohl die Grundabgaben gemeint, die von den Untertanen an das Grafenhaus zu entrichten waren, als auch die Einkünfte aus der Forstwirtschaft. Zur Berechnung der Einnahmen wurde von Rentmeister Faymonville ein 10-jähriger Mittelwert zugrunde gelegt. Für die Abgaben an Naturalien wird in der Aufstellung der Geldwert aufgelistet. Die ermittelten Gelderlöse werden in Reichstaler, Albus und Heller angegeben. Ein Reichstaler entsprach in Kronenburg 78 Albus. In der Quelle werden die Währungseinheiten meist mit „rhr." für Reichstaler, „als." für Albus und „hr." für Heller abgekürzt. Für die Naturaleinnahmen wurden in Kronenburg die Hohlmaße Malter, Faß und Pint verwendet. Sie wurden in der Quelle mit „mald." und „fs." abgekürzt (14).

Die Kronenburger Übersicht von 1781 besteht aus drei Teilen: einer fünfseitigen Erstfassung, einer „Erläuterung" und der als „Pro Memoria" bezeichneten tabellarischen End- bzw. Schlussberechnung der Erträge. Das Kronenburger Ertragsverzeichnis entstand also in mehreren Schritten. Die Tabellen der ersten Fassung wurden bis zum Ende des Monats April 1781 erstellt. Nach der Niederschrift fügte Rentmeister Faymonville den Originaltabellen die handschriftliche „Erläuterung" seiner Berechnungen hinzu. Dieser Text war vor allem für die Blankenheimer Verwaltung bestimmt, von der er sich weitere Auskünfte erhoffte. Nach dem Erhalt dieser Informationen korrigierte er einen Teil seiner früheren Daten und fertigte die endgültige Berechnung an, die in einer neuen halbseitigen Tabelle mit dem Titel „Pro Memoria" präsentiert wird. Diese gibt schließlich die verbindlichen Werte der Reinerträge in der Herrschaft Kronenburg wieder.

Die detailliertesten Informationen über die gräfliche Wirtschaftsführung in der Herrschaft finden sich in der fünfseitigen Erstfassung der Ertragsübersicht. Diese ist in zwei Teile gegliedert. Der erste Teil gibt sämtliche Einkünfte wieder, welche die gräfliche Verwaltung in Kronenburg während eines Jahres bezog. Der zweite Teil der Aufstellung beschreibt die Ausgaben und Kosten, die in der Herrschaft anfielen.

Die Einnahmen

Zu den Einkünften, die in den Tabellen der Erstfassung des Ertragsverzeichnisses genannt werden, gehören in der Rubrik „cameral Empfang geld" neben verschiedenen Geldeinkünften, die aus der Grundherrschaft resultierten, auch die Grundabgaben an Getreide („Einnahm Früchten") und die Erträge der Forstwirtschaft („Forst-Empfang Geld"). In der Übersicht addieren sich diese Posten zur „Summa alliegen Empfangs".

Die Geldeinkünfte waren in der Herrschaft Kronenburg im Vergleich zu den anderen „mittelbaren" Herrschaften des Grafenhauses sehr hoch (vgl. S. 286r der edierten Originalquelle). Sie stammten aus verschiedenen Bereichen. Die jährlichen Zahlungen der Schaft-, Zins- und Pachtgüter sowie die Frongelder, die anstelle früherer Frondienste entrichtet wurden, sind hier zunächst zu nennen. Auch der Wert der geleisteten Moselfahrten und der abgelieferten Hühner oder Schweine wurde in Geld veranschlagt. Mit „Moselfahrten" bezeichnete man den Transport von Gütern zur Mosel und den des dortigen Weins nach Kronenburg. Hinzu kamen Zahlungen, welche die Untertanen als Ersatz für die Wachtdienste auf der Burg Kronenburg und als Gebühr bei der Verpachtung von Zehnten leisteten.

Die Untertanen entrichteten des Weiteren Zölle und Akzisen, womit Verbrauchssteuern bezeichnet werden. Zudem flossen Erlöse aus der lokalen Eisenindustrie in die gräfliche Kasse: Sie stammten aus dem Zehnten vom Eisenstein, der nahe Dahlem gegraben wurde, und der natural in Eisen entrichteten Pacht der Hammerhütte. Der Zehnte wurde außerdem auf Rübsamen, Flachs und Lämmer erhoben. Ferner waren Fleischrinder und Maihammel von den Untertanen abzuliefern. Weitere Beträge erhielt das Grafenhaus schließlich aus Kurmuten, dem zehnten Pfennig bei Verkäufen, für aufgefundene Bienenstöcke und beim Loskauf von Untertanen aus der Herrschaft. Die in Geld abgeschätzten, aber als Naturalien eingezogenen pflanzlichen Erzeugnisse und Tiere dienten wahrscheinlich zum Teil der Versorgung des Hofes in Blankenheim mit Nahrungsmitteln.

Nach diesen Geldeinkünften nennt das Ertragsverzeichnis die Einkünfte an Getreide und Gemüse (ab der Mitte von S. 286r), die man gleichfalls in ihrem Geldwert veranschlagte. An Getreide wurden in der Herrschaft Kronenburg in der Regel Korn, d.h. Roggen, sowie Hafer, Gerste und Spelz abgeliefert. Spelz ist eine andere Bezeichnung für Mischelfrucht. Diese Abgaben waren reguläre Grundgefälle oder Zehnten. Auffallend ist, dass der Begriff „Schrimpf" wiederholt bei den Getreideeinnahmen verwendet wird. Er bezeichnet den Schwund, der während eines Jahres beim angelieferten Getreide beispielsweise durch Mäusefraß auftreten konnte. Eine weitere Naturallieferung der Untertanen war der Erbsenzehnt. Die Einnahmen an Getreide, Gemüse und aus den Geldeinkünften addieren sich in der Aufstellung unter der „Summa Cameral Empfang Geld" im Jahr 1781 auf 2575 Reichstaler, 66 Albus und 4 Heller, wobei die Getreideeinkünfte über die Hälfte dieses Betrags ausmachten.

Einträglich war auch die Forstwirtschaft (siehe S. 287r). Ihre Bruttoerlöse wurden auf einen Wert von 2177 Reichstalern und 9 Albus veranschlagt. Rund 90 Prozent dieser Summe resultierten aus dem Verkauf von Klafterholz aus den gräflichen Wäldern an die Köhler, die die hergestellte Holzkohle wiederum an die Eisenhütten in der Herrschaft und der Umgebung verkauften.

Die grundherrschaftlichen Abgaben bildeten für die Bewohner der Herrschaft Kronenburg sicherlich den größten Posten unter den finanziellen und materiellen Belastungen. Aber diese Leistungen und Zahlungen waren für sie nicht die einzigen Beschwernisse. Hinzu kamen nämlich noch weitere Abgaben und Zahlungen wie beispielsweise die Zehnten, die an andere Herren und Institutionen zu entrichten waren. Diese zusätzlich zu erbringenden Leistungen werden in der Aufstellung von 1781 nicht genannt. Auch macht die Übersicht keine Angaben über die Höhe der Steuern, die die Untertanen ebenfalls zusätzlich als Landessteuern an die Luxemburger Landesherren zu zahlen hatten. Die Gesamtbelastung der Einwohner in der Herrschaft Kronenburg durch Abgaben war somit noch deutlich höher, als dies aus der sternberg-manderscheidischen Aufstellung hervorgeht.

Die Ausgaben

Doch auch die Gesamteinkünfte des Hauses Sternberg-Manderscheid in der Herrschaft waren keinesfalls gleichzusetzen mit dem tatsächlich erwirtschafteten Gewinn. Den Einkünften des Grafenhauses standen nämlich zahlreiche Ausgaben gegenüber, die am Ende der Erstfassung der Aufstellung von den Einkünften abgezogen wurden (S. 288r). Sie werden in den beiden großen Rubriken zur „Cameral-Ausgab" und zur „Forst-Ausgab" aufgelistet. In der Erstfassung wurden die Abzüge mit knapp 654 Reichstalern beziffert.

Zu den „Cameral"-Ausgaben zählten die Beträge, die für die Errichtung und die Instandhaltung der herrschaftlichen Gebäude oder als Personalkosten, Spesen und Darlehenszinsen sowie Verpflegungskosten für die Untertanen anfielen, wenn diese die Grundabgaben ablieferten. Vom Gesamtwert der Forst- und Kameraleinnahmen wurden außerdem die Förstergehälter sowie verschiedene Prämienzahlungen wie etwa die Schuss- und Fanggelder abgezogen, so dass sich in der ersten Fassung des Ertragsverzeichnisses Bruttoeinkünfte von 4100 Reichstaler ergaben.

Diese Berechnung war allerdings nur vorläufig. Da über manche Punkte noch Unklarheit bestand, verfasste der Kronenburger Rentmeister seine Liste mit Anmerkungen und wandte sich damit an die zuständigen Blankenheimer Regierungsstellen.

Die „Erläuterung" der Ertragsdaten

Der Rentmeister sah sich offenbar zu diesem Schritt genötigt, weil bis dahin nur selten Ertragsverzeichnisse angefertigt worden waren. In seiner „Erläuterung" erklärte er die von ihm errechneten Daten ausführlich. Das geschah in vier längeren Einzelbemerkungen, die er am 28. April 1781 nach der Niederschrift der ersten Version des Ertragsverzeichnisses verfasste.

Zunächst erklärte Rentmeister Faymonville, dass er für die Menge und die Zahl der „eingehenden producten und Naturalien" wie Getreide, Lämmer, Eisenstein und Klafterholz den gemittelten Wert der letzten zehn Jahre angesetzt habe. Beim Preis der Naturalien habe er einen gemäßigten, also eher niedrig angesetzten Preis zu Grunde gelegt, weil dies eine bessere Planungsgrundlage darstelle, als wenn er sich allein auf die Preise der gerade „verfloßenen Jahren" beschränkt hätte.

Dann folgt eine Bemerkung über die Veranschlagung der an die Herrschaft zu zahlenden Strafgelder der Untertanen, die der Rentmeister als Einnahmen auflistete. Die „bußen" und „strafen" wurden alljährlich beim Jahrgeding verhängt. Auch die „abfallenden Confiscationen", d.h. die Pfändungskosten, waren von den Untertanen zu begleichen. Wenn ein Einwohner beispielsweise Holz aus den Wäldern stahl und dabei angetroffen wurde, konfiszierten die Waldförster die gestohlenen Materialien und forderten die Pfändungsgebühr vom Delinquenten. Auf diese Weise nahm die Herrschaft zahlreiche Geldbeträge ein.

Diesen Einnahmen standen Ausgaben gegenüber, die man als Verwaltungskosten bezeichnen kann. Dazu zählte, die „policey zu administriren", d.h. die innere Ordnung sicherzustellen, und notwendige Prozesse in Fragen der Grundabgaben oder bei Freveln und Straftraten zu führen. Der Rentmeister listete die dabei anfallenden Kosten unter den Ausgaben auf.

Besonders die dritte Anmerkung führte dazu, dass sich die ursprüngliche Wertveranschlagung Faymonvilles in der Endberechnung deutlich veränderte.

Faymonville war sich bei der Berechnung der durchschnittlich verkauften Holzmenge nicht ganz sicher gewesen. Er äußert deshalb den Wunsch, in dieser Frage noch das gräfliche Forstamt zu hören. Außerdem spricht sich der Rentmeister in seinen Anmerkungen für die flächendeckende Einführung der Schlägewirtschaft aus, so dass sich dadurch auch die zukünftige Holzproduktion genauer bestimmen ließe. Der gräfliche Forstmeister, bei dem die Aufsicht über die sternberg-manderscheidischen Wälder lag, antwortete kurz darauf auf die Fragen des Kronenburger Rentmeisters. Dieser setzte dann in seiner abschließenden Berechnung eine niedrigere Klafterzahl an gehauenem Holz für die Herrschaft an.

Die letzte Ausführung Faymonvilles betrifft die unregelmäßig auftretenden Ausgaben, die sich nicht genau bestimmen ließen. Diese habe er nicht unter den Ausgaben aufgelistet. Er stellte es der Blankenheimer Regierung anheim, solche Kosten in der zentralen Generalkassenrechnung der gräflichen Verwaltung anzuführen.

Die erwünschten Rückmeldungen der übergeordneten Blankenheimer Stellen erfolgten offenbar umgehend, so dass die revidierte Schlussberechnung für das Kronenburger Ertragsverzeichnis erstellt werden konnte.

Der Gesamtertrag

In der separaten Tabelle der Endberechnung, dem sogenannt „Pro Memoria", wurde die Höhe sämtlicher Reineinkünfte aus der Erstfassung des Ertragsverzeichnisses korrigiert. Man zog nun von den ursprünglich als Reingewinn angesetzten 4100 Reichstalern weitere 674 Reichstaler ab (vgl. S. 289r), so dass sich die Ausgaben nunmehr auf 1348 Reichstaler beliefen. Das geschah vor allem, weil der Rentmeister in der ersten Berechnung die Erträge aus den Holzverkäufen zu hoch angesetzt und Verwaltungskosten der Rentmeisterei nicht berücksichtigt hatte. An Reinerträgen ergab sich somit schließlich für die Herrschaft Kronenburg eine Gesamtsumme von 3426 Reichstalern und 18 Albus. Dies war immer noch ein beachtlicher Betrag, besonders wenn man ihn mit den Erträgen in den sternberg-manderscheidischen Herrschaften der Südeifel vergleicht.

Im „Status generalis", der wenig später von der Blankenheimer Zentralverwaltung angefertigt wurde, erscheint dieser Betrag von über 3426 Reichstalern für die Herrschaft Kronenburg ebenfalls. Die Blankenheimer Gesamtübersicht zeigt, dass die Kronenburger Erträge mehr als 15 % der jährlichen sternberg-manderscheidischen Gesamteinkünfte ausmachten. Die höchsten Einnahmen verzeichnete das Grafenhaus jeweils in den Grafschaften Gerolstein und Blankenheim, da die Untertanen dort außerdem noch die Landessteuern an das Grafenhaus entrichteten (15).

Es wird somit deutlich, dass die Kronenburger Erträge zum großen Teil aus der Forstwirtschaft stammten. Mit circa 36 % verdankte die Herrschaft Kronenburg über ein Drittel ihrer Nettoeinnahmen dem dortigen Waldbesitz. Der hohe wirtschaftliche Stellenwert des Waldbesitzes zeigt sich im Übrigen auch in anderen gräflichen Territorien in der Eifel. So resultierten auch in der Grafschaft Manderscheid rund ein Drittel der reinen Einkünfte und in der Herrschaft Oberkail sogar mehr als die Hälfte aus der Forstwirtschaft. Eine nennenswerte Ertragsquelle waren in der Herrschaft Kronenburg auch die Erzgräberei und die Eisenproduktion, aus denen regelmäßige Einkünfte von rund 230 Reichstalern stammten (16).

Die Ertragsliste von 1773

Als Beilage zum Kronenburger Ertragsverzeichnis des Jahres 1781 befindet sich eine Liste mit den Ertragswerten der Herrschaft aus dem Jahr 1773 in den sternberg-manderscheidischen Unterlagen. Es handelt sich bei dieser Quelle um einen Auszug aus dem in den Jahren zuvor erstellten luxemburgischen Maria-Theresia-Kataster. Das Kataster wird hier als „Denombrement" bezeichnet. In der Katasteraufnahme hatte die österreichisch-niederländische Verwaltung erstmals die Reinerträge aller im Herzogtum gelegenen Flächen ermitteln lassen. Im Kronenburger Land geschah dies innerhalb der sechs Grundgerichte, die zusammen die Herrschaft bildeten. Auf den errechneten Erträgen beruhte fortan die Erhebung der Grundsteuer, die an den österreichisch-habsburgischen Landesherrn im Herzogtum Luxemburg gezahlt wurde (17).

Der „Extract" aus den Katasterunterlagen diente wahrscheinlich als Hilfsmittel und Vorbild für die Erstellung des Kronenburger Ertragsverzeichnisses. Allerdings ging es 1781 allein um die Erfassung der gräflichen Einkünfte. Möglicherweise wollte Rentmeister Faymonville seine Angaben damit absichern und seine Methode der Wertermittlung mit Vergleichsmaterial untermauern.

Der Auszug von 1773 nennt den Wert der Kronenburger Erträge in Gulden. Er unterscheidet zwei Arten von Einkünften im Kronenburger Land. Zur ersten Gruppe von Einnahmen gehörten der „Wert der Grundgüter" und die daraus stammenden Erträge. In diese Kategorie fallen der Wert und die Reinerträge („abnutzung") von Ländereien, Gebäuden, Zehnteinnahmen und der Weidenutzung. Zur zweiten

Gruppe zählten die Einkünfte aus der „Industrie", womit sozusagen die Einkommenaus selbständiger und nicht selbständiger Arbeit gemeint sind.

An Grundgütern nennt die Liste die „Bauländer", die „Rodtländer", Gärten und Baumgärten, Wiesen, Peschen, Wälder und Hecken sowie Mühlen und Häuser in der Herrschaft. Ferner fallen die großen und kleinen Zehnten sowie die Weiderechte der Gemeinde unter diese Rubrik. Die Zehnteinnahmen wurden ebenfalls in ihrem Geldwert berechnet. Der Begriff „Bauländer" bezeichnete das Ackerland. Die „Rodtländer" waren Ländereien, die man nach langen Brachphasen einer Brandrodung unterzog und dann für mehrere Jahre ackerbaulich nutzte. Mit „Peschen" bezeichnete man ertragreiche Wiesen, die meist bewässert wurden und sich in der Nähe von Wasserläufen befanden. Für die genannten Ländereien und Gebäude gibt die Liste von 1773 zunächst den Immobilienwert an. Die „Abnutzung", die zusätzlich für das Ackerland und das Rodland genannt wird, dürfte den Wert der Ernten bezeichnen, die hier erzielt wurden. Bei den Mühlen bezieht sich der Begriff „abnutzung" wahrscheinlich auf die Menge des gemahlenen Getreides, da der Müller in der Regel einen Teil als Entlohnung erhielt. Der Ertrag sämtlicher Grundgüter lag 1773 bei insgesamt 60850 Gulden.

Die Einkommen der „Industrie" wiederum konnten aus Tätigkeiten in vier Bereichen stammen. Zu diesen gehörten erstens die Arbeit in der Landwirtschaft, zweitens das Handwerk und der Kleinhandel, drittens das Gastgewerbe und die Kaufmannstätigkeiten sowie viertens die unternehmerische Produktion der „Eigenfabricanten". Der von der „Industrie" erwirtschaftete Ertrag lag bei 10560 Gulden. Zusammen mit den Erträgnissen der Grundgüter ergab sich damit als „Hauptsumme der Freiherrschaft Kronenburg" ein Gesamtertrag von 71410 Gulden.

Der Extrakt von 1773 wurde wahrscheinlich als Vorlage für die Ertragsaufstellung der sternberg-manderscheidischen Verwaltung herangezogen. Das zeigt, dass die Abfassung von Ertragsübersichten noch Seltenheitswert hatte. Doch nun begann auch der Adel, sich bei der Verwaltung seiner Güter mehr und mehr an - wie man heute sagen würde - betriebswirtschaftlichen Gesichtspunkten zu orientieren.

Quellenüberlieferung und Editionsgrundsätze

Die Originaltexte des Ertragsverzeichnisses von 1781 und der Liste von 1773 sind in einem Karton („Kiste") des Nationalarchivs Prag mit der Nr. 160 überliefert und bilden einen Teil des Bestandes Sternberg-Manderscheid. Eine Mikroverfilmung wurde zu Beginn der achtziger Jahre des 20. Jahrhunderts durch den Euskirchener

Kreisarchivar Otermann angefertigt. Die damals erstellten Mikrofilme sind heute in der Archivberatungsstelle des Landschaftsverbands Rheinland in Brauweiler einsehbar (18).

Zu den auf Mikrofilm festgehaltenen Quellen aus Kiste 160 gehören neben den Erträgnisaufstellungen auch die Protokolle über die Huldigungsfeiern für Gräfin Augusta von Sternberg-Manderscheid aus dem Jahr 1780, Berichte über die Lehensverhältnisse in den einzelnen Herrschaften sowie Gutachten und verschiedene Schreiben aus den Regierungsjahren der Gräfin. Außer für die Herrschaft Kronenburg sind aus dem Jahr 1781 auch die Übersichten zu den Einkünften aus den Herrschaften Bettingen, Dollendorf, Neuerburg und Oberkail sowie den Grafschaften Blankenheim, Gerolstein und Manderscheid und dem Hof Dusemond überliefert (19).

Als Quelle steht die Kronenburger Liste von 1781 in der Tradition der Güterverzeichnisse und der sogenannten „Renovationen", die seit dem späten Mittelalter in den einzelnen Territorien in unregelmäßiger Folge abgefasst wurden. Diese wurden im 18. Jahrhundert zunehmend durch sogenannte „Beschreibungen" und „Status"-Dokumente ersetzt. Deren Zielsetzung war oftmals die Ermittlung der tatsächlichen Erträge eines bestimmten Gebietes. Mit ihnen verschafften sich die adligen Inhaber der Territorien jeweils einen aktuellen Überblick über die Wirtschaftlichkeit ihres Besitzes. Auch das Kronenburger Ertragsverzeichnis ist als ein „Status" angelegt.

In der vorliegenden Textedition werden für die Wiedergabe der Quelle eckige Klammern zur Auflösung der Kürzel des Originals und zur Kennzeichnung von ergänzten Satzzeichen verwendet. Spitze Klammern beziehen sich auf Wörter oder Passagen, die später zum Originaltext hinzugefügt oder dort verbessert wurden. Ansonsten wird die Rechtschreibung von 1780 beibehalten. Lediglich die Zeichensetzung wurde an die heutigen Regeln angepasst. Schrägstriche markieren jeweils den Beginn einer neuen Zeile im Original. Die über den Tabellen angegebenen Seitenzahlen entsprechen der Paginierung der Originaldokumente. Die Auflistung zur Herrschaft Kronenburg wird im Folgenden in edierter Form wiedergegeben (20).

Quellentexte

Edition des Kronenburger Ertragsverzeichnisses

Die Erstfassung

S. 286r. / Pag[ina] 1. / Status Cameral- und Forestal erträgnißen / Forth ein und anderer ausgaben der / Herrschafft Cronenburg, errichtet in gefolg / Gnädiges rescripti vom 13ten april 1781.

P[er] 78al[bu]s				rhr.	als.	Hr
Erstlich cameral Empfang geld						
An schafft-[,] wacht-[,] zinß-[,] pfacht[-] und frohn- / gelderen, sodan wegen moselfahrten, hüh= / neren, mühlenschweinen und sonstigen / kleinen gefellen wird ständig in geld ver- / rechnet				570	10	4
die Kronenburger schloß aisementen samt / dahin gehörenden frohnen hat rhentmei- / ster an statt 150 r[eichst]h[ale]r laut gnädig[em] patent / zu bestallung, also hier						
die Kronenburger schloß=wacht, so sonsten / von den wachtspflichtigen in natura praestirt / worden ist, ist hoc anno zum theil gegen / zahlung veraccordirt und ertragt 61 ½ / r[eichst]h[ale]r Spec[i]es[,] f[aci]t				63	6	
Es sind lange jahren dahier keine lehen er- / hoben worden, also darab auch nichts erfallen						
der trocken weinkauf von den jährlichen / zehnd-Verpachtungen thut ständig 23 r[eichst]h[ale]r / 51 pet[e]r[männchen], und selbe hat rhentmeister auch / zu gehalt, ergo gleiche ausgab und hier						
Einnahm früchten und deren anschlag	mal[der]	f[as]s	pint[en]			
ständiges rhentkorn von müllenpfachten	31	5				
Korn von zehnden ertragt nach pro- / portion der zehn lezter rechnungen	75	4				
Summa Korn einnahm	106	9				
Hiervon ab die ausgaben an bestal- / lungen almosen, schrimpf und mausbiß	34	7				
also bleibt zu verrechnen	72	2				
[Geldwert dieser Einnahmen:]				361		
Jedes malder Korn p[er] 5 r[eichst]h[ale]r angeschlagen f[aci]t				994	16	4

S. 286v.

P[er] 78al[bu]s				rhr.	als.	Hr.
<u>Pag[ina] 2.</u>	Mald[er]	f[as]s	Pint[en]			
zehnd erbsen ertragen nach propor= / tion der zehn lezter rechnungen und / abzug des schrimpfs Jährlichs	3	4				
p[er] mald[er] wie Korn zu 5 r[eichst]h[ale]r angeschlagen f[aci]t				17		
an gersten zehnd erfallet jahrs nach / gleicher proportion und abzug	8	5				
p[er] mald[er] 4 r[eichst]h[ale]r angeschlagen f[aci]t				34		
ständige speltzen von Hof= und mühlenpfach= / ten	33	2	4			
speltz von zehnden thut jahrs gemäß / der zehn lezter rechnungen	90	7	4			
Summa einnahm speltz	124					
ab bestallungen, almosen, schrimpf / und maußbiß ad	22	5				
also bleiben zu verrechnen	101	5				
das malder p[er] 2 r[eichst]h[ale]r Spec[i]es angeschlag[en] f[aci]t				208	16	
ständige rhent haber von pfachten, zin= / sen und sonstigen gefellen	104	5				
die zehnd haber thut nach proportion / der zehn lezter rechnungen Jahrs	365	8				
Summa einnahm haber	470	3				
Hiervon ab die bestallungen, ochsen- / haber, schrimpf und maußbiß ad	41	1				
also blieben	429	2				
das mald[e]r p[er] 2 r[eichst]h[ale]r Spec[ie]s angeschlagen f[aci]t				880	32	
Zöll und accieße ertragen vermög zurück= / rechnung auf die 10 lezte jahren Jährlich				68	16	
nach gleicher berechnung fallen jahrs auf / dhalemer berg 222 Kasten zehnd eisenstein; / die Kahr p[er] 64 al[bu]s angeschlagen machen				182	12	
das hütten werck auf der Hammerhütt thut Jahrs / ständig 2000 l[i]b[ra] pfacht-eisen: das C[entu]m, wie / in rechnungen angeschlagen p[er] 2 ½ r[eichst]h[ale]r f[aci]t				50		
[Insgesamt:]				1439	76	

S. 287r.

[Am Rand links:] Pag[ina] 3.

p[er] 78 al[bu]s	rhr.	als.	hlr.
An rübsamens und flachß-zehnden	4		
zehnd lämmer 16 stück, das stück p[er] / 52 al[bu]s angeschlagen f[aci]t	10	52	
4 stück ständiger fleischrinder das stück / p[er] 3 r[eichst]h[ale]r angeschlagen f[aci]t	12		
15 stück maÿhämmel ständig, das stück / p[er] 1 r[eichst]h[ale]r angeschlagen f[aci]t	15		
an Herrengedings gefellen nemlich chur= / muthen, zehnden pf[enni]g von verkaufften gü= / teren, gefundenen bienen und außer / lands gezogenen thut der divident von zehn lezten rechnungen	100		
Herzu pag[ina] 1	994	16	4
[Herzu pagina] 2	1439	76	
Summa Cameral Empfang geld	2575	66	4
Folgt Forst-Empfang geld.			
Nach proportion der zehn lezten rechnungen / Thut das jährliche quantum aus hiesig herschafft- / lichen büschen zum Kohlen gehawenes holtzes / 512 ½ Klaffteren, seze jede p[er] 4 r[eichst]h[ale]r f[aci]t	2050		
Nach gleicher berechnung haben die schantz= / reisig Jahrs gethan	10	50	
Von gemeinen und erb-büschen, nachdem / die gemeine büschen in gleiche Jährliche schläg / abgetheilt seÿndt, kann der zehnde jahrs / 60 spanische Korden holtz ertragen[,] / seze die Korde p[er] einen Kronenthaler f[aci]t	113	26	
Eichen und büchäcker gerathen selten und / wenig, mithin kann kein diesen hier in anschlag / gebracht werden, ergo			
wildprett und fisch werden zu hofhaltung ge- / liefert, ergo darab Similiter hier			
die fischereÿ ist in hiesiger Kÿll verpfacht p[er]	4		
weilen es inconvenient und dem herschafftlichen / interesse zu wider ist, außer Klaffteren holtz zu / verkauffen, so cassiren die uebrigen von / verkaufftem potasch und anderem holtz			
Summa Forst=Empfang	2177	76	

S. 287v.

[Am Rand links:] Pag[ina] 4.

p[er] 78 al[bu]s	rhr.	als.	hlr.
Recapitulatio des Empfangs			
Cameral Empfang thut	2575	66	4
Forst Empfang	2177	76	
Ergo Summa alliegen Empfangs	4753	64	4
Cameral-Ausgab			
An Cameral bestallung sind Jährlichs an- / hero assignirt	149	64	
an interesse fallen jahrs von 50 r[eichst]h[ale]r capital	2	39	
an herschafftliche anniversarien, bekösti- / gungen, beÿ zehnd- pfacht und mühlen- / schwein lieferungen, und sonstigen Kleinig- / keiten wird ordinarie und ständig aus- / gegeben	39	40	4
Ordinaire aber veränderliche / ausgaben			
An assignation für anweisung des basemer / urberholtz	3	52	
An Bau Materialien und reparationen zum / Kronenburger amthauß, schloß brunnen, / mutzigeroder jägerhauß und dhalemer / sturtzkarren, ausschließlich der Newen / erbawungen hier und zu mutzigeroder, wird Jahrs verwendet Nach ausweisung / zehn lezter rechnungen	91		
dem landbotten für erholung fleischrinder, / malhämmel und zehndlämmer ständig	2	56	4
für brief porto und expressen lohn	12		
Dhalemer bergmeister für Verkündigung / des eisenstein Verlaß, forth diaeten und beköstigung bei dessen Verkauf zusammen	5	54	8
gerichtschreiber für Expedition der Jährlichen / herrengedingen	3	36	8
Für zehrungs Kösten der herren= und / waldgedingen Jahrs	20	64	
Für herschafft Kösten herschafftlicher civil / processen, ausschließlich policeÿ und / criminal proceduren, seze Jahrs	60		
Summa Cameral ausgaben	391	16	4

S. 288r.

[Am Rand links:] Pag[ina] 5.

Folgt Forst Ausgab.			
p[er] 78 al[bu]s	rhr.	als.	hlr.
An Forst bestallungen ist jahrs assignirt /	237	52	
An schuß- und fanggeld von raubthieren[,] / für herschafftliche Jäger an gratificationen[,] / für selbige von arrestirten Jagd und / Fischereÿ freveler, forth anzahlten Kohl= / kaulen ist nach maaßgab zurückrechnung / auf zehn lezte jahren Jahrs verwendet / worden	24	56	
weilen lange jahren an reparation der / weihern, deren wenig in hiesiger her= / schafft sind, nichts ausgelegt worden ist, / drum seze darfür hier			
Summa Forst ausgab	262	30	
Herzu Cameral ausgab	391	16	4
Summa allieger ausgaben	653	46	4
Von dem gantzen Empfang	4753	64	4
abgezogen alle ausgab	653	46	4
bleibt der General cassa übrig	4100	18	

Die „Erläuterung" des Kronenburger Ertragsverzeichnisses

S. 288r. [Fortsetzung]

Zu mehrer Erläuterung dieses Status ist zu merken / was folgt:

1mo die abändernde quantitaet, zahl und maaß der / eingehenden producten und Naturalien, als da seÿnd: / früchten, lämmer, zehndstein, und Klaffter holtz / ist durch den dividenten zehn lezter jahren festge= / stellet, der Naturalien preÿß aber in gemäsigter / gemeiner werthschätzung bestimmet worden / aus der ursachen, weilen ich darfür halte, daß diese / berechnung für die vorhabende gnädige einrichtung / angemeßen seÿe, und der ausgeworfener ertrag / gewißer eingehen werde, alß wan man den preÿß / in den verfloßenen Jahren, so für die zukunfft / keine folge machen nachsuchen wollte.

S. 288v.

[Am Rand links:] Pag[ina] 5.

2do. Weilen mit dem Empfang der bußen, strafen, und / Abfallenden Confiscationen der last, die / policeÿ zu adminsitriren, forth fiscalische und / Criminalische proceduren zu bestreiten ver= / knüpfft ist, auch eins gegen das andere ge- / rechnet werden kan; so habe ich jene im Empfang, und diese in ausgab übergangen.

3tio der würckliche zustand herschafftlicher büschen ist / mir nicht so bekannt, daß ich für die im em= / pfang eingetragene Klaffter zahlt, ob selbe zu- / künfftig gleicher maßen continuiren soll, nicht / bürgen kan; es wäre dahero Hochgräfliches / Forst=amt hierunter Näher zu vernehmen. / Wan inmittels besagte waldungen in gleiche / Jährliche schläg eingetheilet wären, alstan / würde sothane Klaffterzahl /: anderer daraus / erscheinender Vortheilen zu geschweigen :/ am / sichersten bestimt werden mögen. /

4tio. Extraordinaire, in gnädiger wilkuhr bestehende, / auch allerdings zufällige auslagen, als da sind: / Gnädige assignationen, Nachlaß-Decreten, liefe- / rungen zur

Hochgräflichen hofhaltung und andere /: unvorzusehende zufälligkeiten /: angesehen ich / selbe keines wegs Determiniren konte :/ seÿnd / nicht in ausgabe gebracht worden. Ob / aber für darbei posten, wan selbe samt oder / sonders die mercklichen ertrag machen werden / oder sollen, ein jährliches von obigem resultat / oder überschuß abgeschrieben, oder aus der Gene- / ral-Cassa oder anderstwohler Gnädige Vor= / sehung gethan werden will, laße ich einem / höheren Orth unterthänigst anheim gestellt. / Sign^{latum} Cronenburg d[en] 28ten april 1781[.] /

[U.:] Faÿmonville /

Die endgültige Berechnung der Kronenburger Erträge

Die nachstehend edierte Tabelle wurde im Jahr 1781 nach der Anfertigung des Ertragsverzeichnisses separat erstellt. Sie listet weitere Ausgaben für die Herrschaft Kronenburg auf, die von dem ursprünglich errechneten reinen Einkommen abgezogen wurden. Die Abzüge erklären sich vor allem daraus, dass die Erlöse aus den Holzverkäufen zunächst zu hoch angesetzt worden waren.

S. 289r.

P[ro] M[emoria]	rhr.	als.	hlr.
in der herschafft Cronenburg ertragen die Cameral waldungen / nach forstmeisters bericht nur 369 Klaffteren[,] jede / p[er] 4 r[eichst]h[ale]r angeschlagen[,] f[aci]t 147 r[eichst]h[ale]r, weilen nun / zuvor im forst Empfang in diesem articl 2050 r[eichst]h[ale]r / eingetragen worden, so verstehet sich das an / dem Jährlichen reinen einkommen noch abgehen	574		
Item ferner zur g[eme]lter rhentmeistereÿ Cronenb[ur]g / an gehalt assignirt worden	100		
Summa fernerer / ausgaben	674		
das gantze reine einkommen / ist laut vorstehender rechnung	4100	18	
ab die fernere ausgaben ad	674		
ergo bleibt reines einkommen	3426	18	

Edition des „Status Generalis"

S. 309.

P[er] 78 albuß	R[eichs-t]h[a]l[er]	al[bu]s	h[eller]r
Deßen, was sämtliche Graf=, Herschafften und / Gütern des Hochgräflich-Manderscheidischen / Haußes Ihro Hochgräflichen Excellentz Frau / Gräfin Augusta von Sternberg, jetzt / Regierende Gräfin zu Manderscheid e.c. e.c. / Nach deduction aller ausgaben, /: ausschließlich / desjenigen, was zu wittums deputat und / Hohe geschwisterten Jahrs ausgegeben werden / Soll :/ zur Zeit und alle Jahrs eintragen:			
Grafschafft Blanckenheim und Herschafft / Jünckerath Thun Jahrs	2955	46	1
die Grafschafft Gerolstein	4998	72	4
die Herschafft Dollendorf	848	-	7
die Herschafft Kronenburg	3426	18	-
die Grafschafft Manderscheid	2781	23	1
die Herschafft Kaÿl	1643	76	-
der Hof Dousemont	239	39	-
die Herschafft Bettingen	885	68	-
die halbe Herschafft Neuerburg	2896	31	9
Summa	20675	62	10
Hiervon wird abgezogen der Status des / schlosses Blanckenheim und herschafftlichen / Haußes in Köln, weil mehr auslagen / alß empfang hat; ad	291	37	7
alßo ist die hauptsumme reines einkommens	20384	25	3
Ferner hat gnädige Herschafft aus [Wörter gestrichen] <Rips- / dorfischen> und Gerolsteinischen land= / steuer-geldern Nach ausweiß [Wort gestrichen] des / Status jährlichs zu empfangen	1252	43	-
Mithin ist die Hauptsumme	21636	68	3
leztlich kommen noch hinzu die Blancken= / heimischen landsteueren ad	820	40	-
Summa Status generalis	22457	30	3

Edition der Kronenburger Ertragsliste von 1773

S. 283r.

Haupt Summarischer Extract / des Denombrements der Provintz Lutzenburg /

Freÿ=Herschaft Cronenburg. /

Enthalt den Flecken von Cronenburg, das dorf Basem / und den Hof Simmeler, Bruck, Frauenkron, Halschlag, / Hütt, Kerschenbach, Scheidt, Dalheim, Schüller, Steffelen, / udenbreth, Neuhoff, Schnorrenberg, Ober[-] und unter / Dalmscheidt, metzeradt und Gisselbach, Ober= / walferten und Urmunden. /

Die unter diesem Hohen Gebieth gelegene / Grundgüter befinden sich in sechs cadastern eingetheilt / zu wissen /

das Gericht Cronenburg /

Dalheim /

Schüller /

Steffelen /

udenbreth /

Urmunden

P[ro] M[emoria] des Haub Summarium ist De anno <u>1773</u>.

S. 283v.

Der Ertrag der grund güter und jener der Industrie / sind folgender weiß geschätzt

[Die Grundgüter]	Morgen	Ruthen	F[lorin]	F[lorin]
die Baulander	5067	57	7026}	
die abnutzung			6426]	13452
die rodtländer	10180	30	1114}	
die abnutzung			972}	2086
die garten und Baumgarten	107	88		573
die Wiesen	2775	110		12413
die Peschen	274	69		1910
die Büsch und Hecken	6472	23		14966
7 Mühlen			455}	
die abnutzung			455}	910
die Häußer				1816
der große zehnd				914
der kleine zehnd				24
der Weÿdgang				11786
				[zus.] 60850
[Die „Industrie"]				
die pflüger und Handarbeiter			6670}	
die Künstler, Handwerckslleuth und Klein[-]Verkäufer			2640}	
die gasthalter[,] Wirth und Kaufleute			250}	
die Eigenfabricanten			1000}	10560
Haupt Summe der freÿ Herschafft Cronenb[ur]g				71410

Edition der Umrechnungsliste für Münzen und Maße

Die folgende Übersicht bezieht sich auf den Wert der Währungen, die in den sternberg-manderscheidischen Besitzungen innerhalb des Herzogtums Luxemburg gebräuchlich waren, und die Berechnung der in diesen Gebieten verbreiteten Hohlmaße.

/S. 169r./ Evaluation deren Geldmünzen und Fruchtmaaßen.

1 R[eichs]th[a]l[e]r thut 78 albus Cöllnisch oder 54 Peterm[ännchen] trierisch [„rhr."].

1 albus Cöllnisch thut 12 Heller [„als."]

1 Petermengen thut 8 pfenning

1 R[eichs]th[a]l[e]r Luxemburger Wehrung oder 2 Gold=Gülden / Luxemburgisch machen 56 Stüber selbiger Wehrung.

1 Ein Stüber Luxemburgisch macht 12 denarien.

1 Malter Cronenburger Maaß ist 10 Faß.

1 Faß ist 8 Pinten.

1 Ein Malter Cronenburger Maaß macht 1 Malter / 4 Pinten Blankenheimer Maaß.

15 Rader=albus machen ein Schafft=Gülden.

1 Rader=albus macht 12 Rader=Heller[.]

1 Heller macht 4 orth [„hr."].

1 Rader=Gulden macht 24 albus Rader.

1 Rader=albus macht 24 Heller Cöllnisch, mithin / macht

/S. 169v./ 1 Rader=Gulden 48 albus Cöllnisch; und

1 Schafft=Gulden 30 albus Cöllnisch.

1 Laub= oder Cronen=Thaler macht 72 Stüber Luxem=/ burgisch, oder 1 Reichs Thaler 69 albus 4 Heller / Cöllnisch, nach welchem Fuß die Reduction Lu= / xemburger Müntzen in Cöllnische Wehrung eins=weilen in gegenwärtiger Rechnung gemacht wird.

Landschaftsverband Rheinland (LVR), Archivberatungs- und Fortbildungszentrum Brauweiler, Mikrofilm Nationalarchiv Prag, Bestand Sternberg-Manderscheid, Kiste 160, S. 169r – 169v.

Glossar

- **Abnutzung**: Anstatt von „abnutzung", wie es in der Liste von 1773 geschieht, würde man heute vom „Nutzen" der bezeichneten Liegenschaft sprechen. Daher bezeichnet dieser Begriff offenbar den Wert der auf den Flächen jährlich erzeugten Produkte und der erwirtschafteten Erträge.
- **Accieße**: herrschaftliche Gebühr bzw. Steuer auf Getränke.
- **administriren**: verwalten.
- **albus** (als.): Weißpfennig, ursprünglich mit Silbergehalt.
- **alliege**: alle, sämtliche.
- **angeschlagen**: hier = veranschlagt.
- **Anniversarien**: Jahrgedächtnisse.
- **Anschlag**: Berechnung.
- **Assignations-Decrete**: Erlasse mit Anweisungen.
- **assignirt**: angewiesen.
- **ausgeworfener Ertrag**: erzielter Ertrag.
- **Bauländer**: ackerbaulich genutzte Ländereien, Ackerland.
- **Bergmeister**: herrschaftlicher Funktionsträger, der den Bergbau überwacht.
- **Bestallung**: Einstellung und Bezahlung herrschaftlicher Funktionsträger.
- **Büchäcker**: Bucheckern, sie dienten zur Schweinemast im Wald.
- **Büsch**: Wald.
- **Bußen**: Strafzahlungen, die beim Jahrgeding bei Übertretungen verhängt wurden.
- **Cadaster**: Gemeint ist das 1771 fertig gestellte Maria-Theresia-Kataster für das Herzogtum Luxemburg, das die Eigentumsverhältnisse auf allen Gemarkungen erfasste.
- **Cameral-Ausgab**: In den früheren Reichsterritorien war die Hofkammer für die Finanzverwaltung zuständig. Das Wort „Cameral-" wird in Quellen daher zur Bezeichnung von Belangen der Hofkammer gebraucht. Cameral-Ausgaben, die von den herrschaftlichen Erlösen bzw. Erträgen der Hofkammer abgezogen wurden.
- **Cameral-Empfang**: Bezeichnung für herrschaftliche Einkünfte.
- **Cameral-Erträgnißen**: Bezeichnung für herrschaftliche Erträge.

- **Cameral-Waldungen**: Gemeint sind die gräflichen Waldungen der Herrschaft Kronenburg. Diese Wälder waren Eigentum des Grafenhauses und damit Teil des gräflichen Vermögens.
- **Capital**: hier gebraucht im Sinne von „Darlehenssumme".
- **Centum**: hier = hundert Pfund = 1 Zentner.
- **Churmuth / Kurmut**: Ursprünglich Abgabe des besten Stück Viehs (Besthaupt) beim Tode des Inhabers eines Schaftgutes; wurde am Ende des 18. Jahrhunderts häufig beim Besitzübergang des Gutes an die nächste Generation in Geld beglichen.
- **Confiscationen**: Pfändungen, v.a. bei entdeckten Wald- und Weidefreveln.
- **continuiren**: fortsetzen.
- **Criminal-Proceduren**: strafrechtliche Verfolgung.
- **Deduction**: Abzug, Subtraktion.
- **Denombrement**: frz. = Verzeichnis, Aufstellung.
- **determiniren**: bestimmen.
- **Diaeten**: Tagessätze.
- **Divident**: Quotient.
- **Eigenfabricanten**: Der Begriff bezeichnet wahrscheinlich die hausindustriellen Weber. Die verlagsmäßig organisierte Hausindustrie war in der Nordeifel weit verbreitet. Die Heimgewerbetreibenden arbeiteten als Zulieferer der Monschauer Textilfirmen.
- **Eisenstein-Verlaß**: Gemeint ist die Verpachtung von Eisensteingruben.
- **Erb-büschen**: Privatwaldungen der Untertanen.
- **ergo**: lat. = entsprechend, folglich.
- **Expedition**: hier gebraucht im Sinne von „Reise".
- **Expressen-Lohn**: Botenlohn.
- **Extract**: Auszug.
- **extraordinaire**: außergewöhnlich.
- **facit**: lat. = das ergibt, das macht.
- **Fanggeld**: Prämie für die herrschaftlichen Jäger bzw. Förster.
- **Faß**: kleines Hohlmaß.

- **fiscalische Proceduren**: Angelegenheiten der gräflichen Verwaltung, meist finanzieller Natur.
- **Flachß-Zehnden**: Zehntabgabe vom Flachs.
- **Forestal-Erträgnißen**: Forsterträge.
- **Forst-Empfang**: Forsterträge, vgl. das Stichwort „Forestal-Erträgnißen".
- **Freÿ-Herschafft**: Bezeichnung der Herrschaft Kronenburg, die innerhalb des Herzogtums Luxemburg den Status eines freien Landes hatte.
- **Frohn-Gelder**: Gelder, die anstelle früherer Frondienste gezahlt wurden.
- **Früchten**: Getreide.
- **Gefelle**: Abgaben aus der Grundherrschaft.
- **gemeine Büschen**: Gemeindewälder.
- **General-Cassa**: die gräfliche Hauptkasse.
- **Geschwisterte**: Geschwister.
- **gethan**: hier = ergeben.
- **Gratificationen**: Gnadengehälter, etwa für Angehörige verdienter Beamte.
- **großer Zehnd**: die ursprünglichen Zehntabgaben von Getreide.
- **Heller** (hr.): kleine Münzeinheit, entspricht ungefähr einem Pfennig.
- **Herrengeding**: Versammlung eines Vertreters des Grafen, der Schöffen und der lokalen Haushaltsvorstände, bei der die Vergehen des zurückliegenden Jahres geahndet wurden.
- **hoc anno**: lat. = in diesem Jahr.
- **in Gefolg**: im Gefolge, gemäß.
- **in natura**: hier = natural, als Naturalabgabe.
- **inconvenient**: nicht gangbar, nicht einziehbar.
- **Industrie**: Hier gebraucht als Bezeichnung für die Anlagen und die Belegschaft der Eisen produzierenden Einrichtungen in der Herrschaft.
- **Interesse**: Bedeutung hier = „Zinsen".
- **Jahrs**: jährlich.
- **Kahr**: dialektal = Karre.
- **Klaffter**: hier = Raummaß für Holz.

- **Klaffter-Holtz**: Holz, das klafterweise verkauft wurde.
- **kleiner Zehnd**: jüngere Form der Zehntzahlung, v.a. von Gartenprodukten.
- **Kohl-Kaulen**: Gruben, in denen Meiler für die Köhlerei aufgebaut wurden.
- **Korde**: im Herzogtum Luxemburg gebräuchliches Raummaß für Holz.
- **Kronenthaler**: Währung in den österreichischen Niederlanden seit 1755, berechnet zu 54 Stüber (sols) bzw. 216 Liards.
- **Landbott**: herrschaftlicher Beamter, der Botengänge tätigte.
- **Libra**: Pfund.
- **Malder**: Malter = Hohlmaß.
- **Mausbiß**: Verluste an Getreide durch Mäusefraß.
- **Maÿhämmel**: Hammel, die im Mai als Abgaben an den Grundherrn zu liefern waren.
- **Morgen**: Flächenmaß; der Lamberti-Morgen entsprach im Herzogtum Luxemburg rund dem Drittel eines Hektars.
- **Moselfahrten**: im 18. Jahrhundert Gelder, die anstelle von Fuhren zur Mosel gezahlt wurden.
- **Müllenpfachten**: Pachtzahlung von Mühlen.
- **nach Proportion**: im Verhältnis.
- **Nachlaß-Decret**: hier wohl Erlass, in dem Nachlass auf die Abgabenmenge gewährt wurde.
- **ordinarie**: üblich, gewöhnlich.
- **Pagina**: lat. = Seite.
- **Patent**: Urkunde, in der die Amtsübernahme dokumentiert wird.
- **per**: lat., hier = zu, für.
- **Peschen**: bewässerte Wiesen.
- **Petermännchen**: kurtrierischer Albus.
- **Pfacht**: Pacht.
- **Pfacht-Eisen**: Eisen, das als Pachtzahlung entrichtet wurde.
- **Pflüger**: Ackerer, Bauer.
- **Pint**: kleines Hohlmaß.
- **Policeÿ-Proceduren**: Vorgänge und Maßnahmen, die die innere Ordnung betrafen.

- **Potasch-Holtz**: Buchenholz, das zur Pottascheherstellung verwendet wurde.
- **praestirt**: entrichtet, geleistet.
- **Pro Memoria**: lat. = Stellungnahme, Denkschrift.
- **Quantitaet**: Anzahl, Menge.
- **Quantum**: Menge.
- **Recapitulatio**: lat. = Wiederholung.
- **Reichsthaler** (rhr.): wichtigste Währung im Alten Reich, deren Wert regional variierte.
- **Reparationen**: Reparaturen.
- **rescriptum**: lat. = Reskript, Anordnung.
- **Rhent-Haber**: Hafer, der als Grundrente entrichtet wurde.
- **Rhentkorn**: Roggen, der als Grundrente entrichtet wurde.
- **Rhentmeister**: hoher gräflicher Beamter, der die Ablieferung der Grundabgaben in einem bestimmten Gebiet überwachte.
- **Rhentmeistereÿ**: Amtssitz des Rentmeisters.
- **Rodtländer**: Ländereien, die für ein oder zwei Jahre nach langen Brachezeiten genutzt wurden.
- **Rübsamen**: Kohlpflanze, die der Ölgewinnung dient.
- **Ruthen**: kleines Flächenmaß.
- **Schafft-Gelder**: Gelder, die von Schaftgütern gezahlt wurden.
- **Schantz-Reisig**: dürres Reisig.
- **Schläg**: Holzschläge im Wald.
- **Schloß-Aisementen**: Schloss-Zubehör, Schloss-Liegenschaften.
- **Schrimpf**: Verlust, Schwund.
- **Schuß-Geld**: Prämie für den herrschaftlichen Förster.
- **similiter**: lat. = in gleicher Weise.
- **species** (bei Reichstalern): Der Reichstaler existierte im Alten Reich sowohl als Rechnungseinheit wie auch als Münze. Man sprach von Speciestalern oder Reichstalern species, wenn klarzustellen war, dass eine Münze und nicht die Rechnungseinheit gemeint war.

- **Speltz**: Mischelfrucht.
- **Status**: lat., hier gebraucht im Sinne von „Beschreibung".
- **Sturtzkarren**: Schubkarre, die auch im Eisengewerbe verwendet wurde.
- **Summa**: Summe.
- **trockener Weinkauf**: Nach einem getätigten größeren Kauf wurde in früheren Zeiten meist Wein getrunken, den der Käufer bezahlte. Später gaben Käufer stattdessen oft ein Geldstück, woher sich die Bezeichnung „trocken" erklärt.
- **Urberholtz**: Holz von Gipfeln und Ästen, Reisig.
- **veraccordirt**: vertraglich überlassen.
- **Weÿdgang**: die Weide der Viehherde auf der Gemarkung.
- **Wittums-Deputat**: finanzielle Ausstattung der Witwe eines verstorbenen Herrn.
- **Zehnd-Eisenstein**: Zehntabgabe von gegrabenem Eisenerz.
- **Zehnden**: Zehnt, Abgabe von ursprünglich dem 10. Teil an die Kirchen oder einen Grundherrn. Entsprechend: „Zehnd-Erbsen", „Zehnd-Lämmer" oder „Zehndstein" als Abgabe von gegrabenem Eisenstein.
- **zehnder Pfennig**: der zehnte Pfennig fiel bei verschiedenen Verkäufen an.
- **Zehnd-Verpachtungen**: Verpachtung des Zehnten an andere Personen.
- **Zinsen, Zinß-Gelder**: Gelder, die von den Besitzern der Zinsgüter gezahlt wurden.

Anmerkungen

1) Die Daten des „Status generalis" dürften die Ertragslage der Eifeler Besitzungen des Grafenhauses bis zum Jahr 1794 wiedergeben. Die Reinerträge, die man in den einzelnen gräflichen Herrschaften ermittelt hatte, wurden im „Status generalis" 1781 zur Berechnung der sternberg-manderscheidischen Gesamteinkünfte verwendet. In den hier genannten Territorien war der Besitzstand der Gräfin Augusta von Sternberg-Manderscheid unbestritten und gesichert.

Anders verhielt es sich jedoch mit den alten gräflichen Besitzungen in Osann, Monzel, Erp, Trippelsdorf und im Drachenfelser Ländchen. Die dortigen Landesherren weigerten sich, die weibliche Erbfolge im Hause Manderscheid-Blankenheim und damit die Ansprüche der Gräfin auf diese Gebiete anzuerkennen. Um das gräfliche Erbe wurden in der Folge zahlreiche Prozesse geführt. Die gerichtlichen Auseinandersetzungen dauerten zum Teil bis 1794. Erst bis zu diesem Zeitpunkt wurden die Rechte der Gräfin auch an diesen Territorien bestätigt. Die Dauner Besitzungen des Grafenhauses hingegen gingen der gräflichen Familie 1782 endgültig verloren. Kurtrier zog diese Güter de facto dauerhaft als heimgefallene Lehen ein. Die Erträge aus den seit 1780 umstrittenen und verlorenen Gebieten werden im „Status generalis" nicht genannt.

2) In der Reihe A der „Quellen zur Eifeler Geschichte", die sich den sternberg-manderscheidischen Ertragsverzeichnissen des Jahres 1781 widmet, sind bislang die Aufstellungen zur Herrschaft Oberkail (= Band 1), zur Herrschaft Bettingen (= Band 2) und zur Herrschaft Neuerburg (= Band 3) als Editionen erschienen.

3) Gregor BRAND, Augusta Reichsgräfin von Manderscheid-Sternberg. Letzte regierende Gräfin aus dem Haus Manderscheid, in: Eifelzeitung vom 17. Januar 2016; Heinrich NEU, Der letzte Graf von Sternberg-Manderscheid-Blankenheim – ein historischer Überblick, Sonderdruck, unpag.; Peter NEU, Die Grafen von Manderscheid – ein historischer Überblick, in: TORUNSKY, Vera, Die Manderscheider, Ausstellungskatalog, Köln 1990, S. 13 – 28, hier S. 27 – 28. Bis heute grundlegend zur territorialen Entwicklung der manderscheidischen Besitzungen in der Eifel ist Peter NEU, Geschichte und Struktur der Eifelterritorien des Hauses Manderscheid vornehmlich im 15. und 16. Jahrhundert, Bonn 1972.

4) NEU, Der letzte Graf, unpag.; TORUNSKY, Manderscheider, S. 191. Siehe dazu auch Aleš CHALUPA, Die Familie der Grafen Sternberg-Manderscheid und ihr Archiv, in: TORUNSKY, Manderscheider, S. 83 – 87.

5) Zu den Besitzungen des Hauses Manderscheid innerhalb des Herzogtums Luxemburg gehörten neben der Herrschaft Kronenburg auch die Herrschaften Bettingen und Oberkail, die Hälfte der Herrschaft Neuerburg sowie die Grafschaft Manderscheid, vgl. dazu Wilhelm FABRICIUS, Erläuterungen zum geschichtlichen Atlas der Rheinprovinz. Einteilung und Entwicklung der Territorien von 1600 – 1794 (= Publikationen der Gesellschaft für rheinische Geschichtskunde, 12), Bonn 1898, S. 22 – 38, sowie die Karte bei Vera TORUNSKY (Red.), Die Manderscheider, S. 214.

6) NEU, Der letzte Graf, unpag. CHALUPA, Familie, a.a.O., S. 83 – 87. Vgl. hierzu auch Willibrord WEINS, Die Grafschaft Manderscheid in der Eifel, Diss. Münster 1921, S. 41– 43. Beim Reichsdeputationshauptschluss des Jahres 1803 wurde das Grafenhaus für die verlorenen reichsunmittelbaren Güter links des Rheins mit dem Gebiet der früheren Reichsabteien Weißenau und Schussenried in Schwaben entschädigt, vgl. ebd.

7) FABRICIUS, Erläuterungen, S. 47 – 48.

8) Die österreichisch-niederländische Gewerbestatistik von 1764 listet die wichtigsten Gewerbe der Herrschaft Kronenburg auf. Das Kronenburger Land wurde darin durch die Distrikte der Zollstationen („Bureaux") Dahlem und Steffeln erfasst. Siehe Philippe MOUREAUX, La statistique industrielle dans les Pay-Bas autrichiens à l'époque de Marie-Thérèse. Documents et cartes, Bd. 2, Commission royale d'histoire (Hrsg.), Brüssel 1981, S. 1114 – 1123.

9) Peter NEU (Bearb.), zus. mit Martin MÜLLER (Kartografie), sowie Edith ENNEN, Klaus FEHN und Klaus FINK (Red.), Rheinischer Städteatlas. Lieferung 2, Nummer 10, Kronenburg (= Veröffentlichungen des Instituts für Geschichtliche Landeskunde der Rheinlande an der Universität Bonn, des Seminars für Historische Geographie der Universität Bonn und des Landschaftsverbandes Rheinland), Bonn, 1974. Zu Kronenburgerhütte siehe Peter NEU, Eisenindustrie in der Eifel, S. 137.

10) Dies geht aus dem Titel der edierten Ertragsaufstellung hervor. Vgl. Landschaftsverband Rheinland (LVR), Archivberatungs- und Fortbildungszentrum Brauweiler, Mikrofilm Nationalarchiv Prag, Bestand Sternberg-Manderscheid, Kiste 160, S. 286r: „Status Cameral- und Forestal ertragnißen / Forth ein und anderer ausgaben der / Herrschafft Cronenburg, errichtet in gefolg / Gnädiges rescripti vom 13ten april 1781."

11) FABRICIUS, Erläuterungen, S. 47 – 48. Siehe auch den Beitrag zur Herrschaft Kronenburg unter https://de.wikipedia.org/wiki/Herrschaft_Kronenburg (Stand: 10. August 2016).

12) FABRICIUS, Erläuterungen, S. 47 -48.

13) Das ergibt sich aus der Durchsicht etwa der Südeifeler Ertragsverzeichnisse und der Findbücher bzw. von Archivalienverzeichnissen, die aus der Regierungszeit der Gräfin Augusta erhalten sind. Ein Teil dieser Materialien befindet sich heute im Herzog von Croy'schen Archiv zu Dülmen.

14) Vgl. die edierte „Evaluation deren Geldmünzen und Fruchtmaßen".

15) Vgl. die Edition des „Status generalis".

16) Die Berechnung für Kronenburg basiert auf den Angaben im „Status" von 1781 und in der nachträglich angefertigten Tabelle. Die Aussagen zur Grafschaft Manderscheid und der Herrschaft Oberkail ergeben sich aus den Angaben in den Ertragsverzeichnissen, die 1781 ebenfalls für diese Territorien erstellt wurden.

17) Bezüglich des Maria-Theresia-Katasters ist als neueste Übersicht zu nennen Guy THEWES, Le cadastre de Marie Thérèse: mythe et historiographie, in: HÉMECHT (60), 2008, S. 343 – 362.

18) Aleš CHALUPA, Karl OTERMANN, Archiv der Grafen von Sternberg. Akten im Archiv des Nationalmuseums Prag, Euskirchen und Prag, maschinenschriftlich, ohne Jahresangabe, Einleitung.

19) CHALUPA / OTERMANN, Regesten, Einleitung, a.a.O.

20) Mein herzlicher Dank gilt einmal mehr Herrn Georg Bechthold, Frau Elke Bock M. A., Herrn Willi Fink und Herrn Ralf Wolf (Wolf-Medienservice) für die Durchsicht des Manuskriptes und zahlreiche Anregungen.

Nachweise

Quellen

Landschaftsverband Rheinland (LVR), Archivberatungs- und Fortbildungszentrum Brauweiler, Mikrofilm Nationalarchiv Prag, Bestand Sternberg-Manderscheid, Kiste 160.

- Status der Erträgnisse in der Herrschaft Kronenburg

- Aufstellung zu den besteuerten Flächen in der Herrschaft Kronenburg (1773)

- Evaluation deren Geldsorten und Fruchtmaßen

- Status Generalis

Literatur

BRAND, Gregor, Augusta Reichsgräfin von Manderscheid-Sternberg. Letzte regierende Gräfin aus dem Haus Manderscheid, in: Eifelzeitung vom 17. Januar 2016.

CHALUPA, Aleš, OTERMANN, Karl, Archiv der Grafen von Sternberg. Akten im Archiv des Nationalmuseums Prag, Euskirchen und Prag, ohne Jahresangabe.

FABRICIUS, Wilhelm, Erläuterungen zum geschichtlichen Atlas der Rheinprovinz. Die Karte von 1789. Einteilung und Entwicklung der Territorien von 1600-1794 (= Publikationen der Gesellschaft für rheinische Geschichtskunde, 12), Bonn 1898, Nachdruck, Bonn 1965. GANSER, Siegbert Anton, Manderscheid und Oberkail. Eine historische Monographie, Trier 1876.

MOUREAUX, Philippe, La statistique industrielle dans les Pay-Bas autrichiens à l'époque de Marie-Thérèse. Documents et cartes, Bd. 2, Commission royale d'histoire (Hrsg.), Brüssel 1981.

NEU, Heinrich, Der letzte Graf von Sternberg-Manderscheid-Blankenheim. Ein Lebensbild des Grafen Franz Joseph von Sternberg, Sonderdruck, unpag., ursprünglich erschienen in: Heimatkalender Schleiden 1958.

NEU, Peter, Eisenindustrie in der Eifel. Aufstieg, Blüte und Niedergang (= Werken und Wohnen, 16), Köln, Bonn 1988.

NEU, Peter, Geschichte und Struktur der Eifelterritorien des Hauses Manderscheid vornehmlich im 15. und 16. Jahrhundert (= Rheinisches Archiv. Veröffentlichungen des Instituts für geschichtliche Landeskunde der Rheinlande an der Universität Bonn, 80), Bonn 1972.

NEU, Peter, Die Grafen von Manderscheid – ein historischer Überblick, in: TORUNSKY, Vera, Die Manderscheider. a.a.O., S. 13 – 28.

NEU, Peter (Bearb.), zus. mit MÜLLER, Martin (Kartografie), ENNEN, Edith, FEHN, Klaus und FINK, Klaus (Red.), Rheinischer Städteatlas. Lieferung 2, Nummer 10, Kronenburg (= Veröffentlichung des Instituts für Geschichtliche Landeskunde der Rheinlande an der Universität Bonn, des Seminars für Historische Geographie der Universität Bonn und des Landschaftsverbandes Rheinland), Bonn, 1974.

TORUNSKY, Vera (Red.), Die Manderscheider. Eine Eifeler Adelsfamilie: Herrschaft, Wirtschaft, Kultur. Ausstellungskatalog, Köln 1990.

WACKENRODER, Ernst, Die Kunstdenkmäler des Kreises Schleiden (= Die Kunstdenkmäler der Rheinprovinz, im Auftrage des Provinzialverbandes herausgegeben von Paul CLEMEN, 11.2), Düsseldorf 1932.

WEINS, Willibrord, Die Grafschaft Manderscheid in der Eifel, Diss. Münster 1921.

Abbildungen

Elke Bock: Titelfoto (Ortsansicht Kronenburg)

Claus Rech: Tabellengestaltung gemäß den Vorlagen der Originaltexte

Anhang

Die sternberg-manderscheidischen Ertragsaufstellungen von 1781 im Überblick

Quellenbezeichnung	Signatur in Kiste 160
Status der Erträgnisse der Herrschaft Bettingen	S. 301.
Status der Erträgnisse der Grafschaft Blankenheim	S. 307.
Status der Ausgaben für das Schloss Blankenheim	S. 297.
Status der Erträgnisse der Herrschaft Dollendorf	S. 305.
Status der Erträgnisse des Hofes Dusemond (Brauneberg)	S. 296.
Gutachten über den Weinbau in Dusemond (Brauneberg)	S. 294.
Status der Erträgnisse der Grafschaft Gerolstein	S. 303.
Status der Erträgnisse der Herrschaft Kronenburg	S. 296.
Status der Erträgnisse der Grafschaft Manderscheid	S. 290.
Status der Erträgnisse der Herrschaft Neuerburg	S. 299.
Status der Erträgnisse der Herrschaft Oberkail	S. 292.

Die Ertragsübersichten für Bettingen, Blankenheim, Dollendorf, Gerolstein, Kronenburg, Manderscheid, Neuerburg und Oberkail sind unter dem oben angegebenen Titel im Findbuch von Chalupa / Otermann verzeichnet. Die Aufstellung und das Gutachten zum Hof Dusemond / Brauneberg werden dort hingegen nicht genannt. Das Dusemonder Gutachten wird hier erwähnt, da es umfangreiche Erläuterungen zu den lokalen Ertragsverhältnissen enthält.